Conchas Rotas

deje adversidad crear belleza en usted

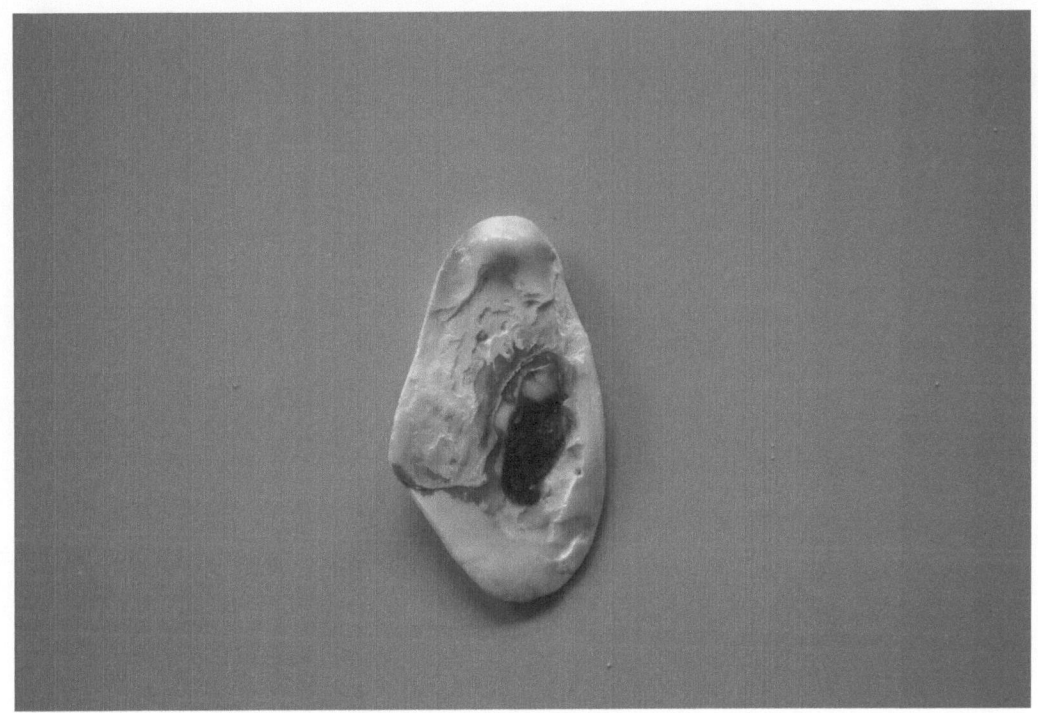

elizabeth curcio

Este libro está dedicado a Dios y mi familia y amigos que son mis ayudantes y porristas. Sin ellos, este libro no sería posible.

Como iba caminando por la orilla un día, le pregunté a Dios si pude encontrar una perla en una concha.

Por el contrario, creo que me dio palabras de sabiduría y conchas rotas.

Cuando haya roto, un mosaico puedo usar.

Sus adversidades son mis universidades.

Piense en sus debilidades como regalos.

Me encanta encontrar conchas pero raramente encontrar uno que no está roto. Así, empecé buscando conchas rotas y encontró muchos. Conchas rotas, desgastadas por la adversidad; machacado por las olas y clima. Bordes redondeados y hermosa.

Deje adversidad crear belleza en usted.

Elizabeth Curcio 2009 C

...Mi gracia es suficiente para ti, para mi fuerza es hecho perfecto en la debilidad... 2 Corintios 12:9

No se hará ninguna mención de coral o de perlas, por el precio de la sabiduría está por encima de los rubíes. Trabajo 28:18

ala de angel, hombre sabio, Mary y el babe Jesus, la luna

el chaleco, el sueter, zapatillas de ballet, la corbata

cottage ingles, concha de Eiffel, fleur-de-lis

el relampago, hombre en la luna, UFO, galaxia

el malvavisco, pastel de arandanos, bandera Americana, la pizza

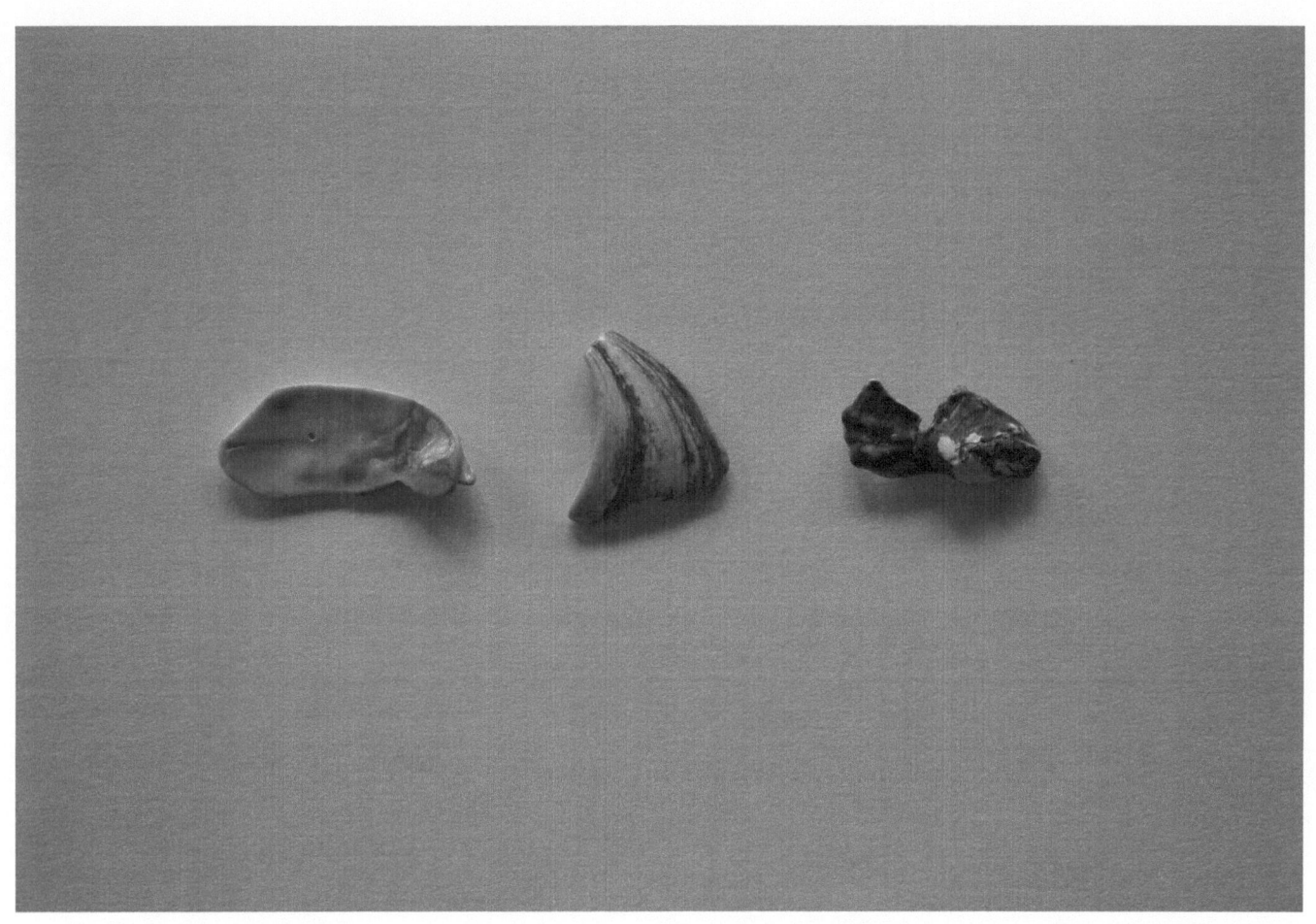

pez

mas pez

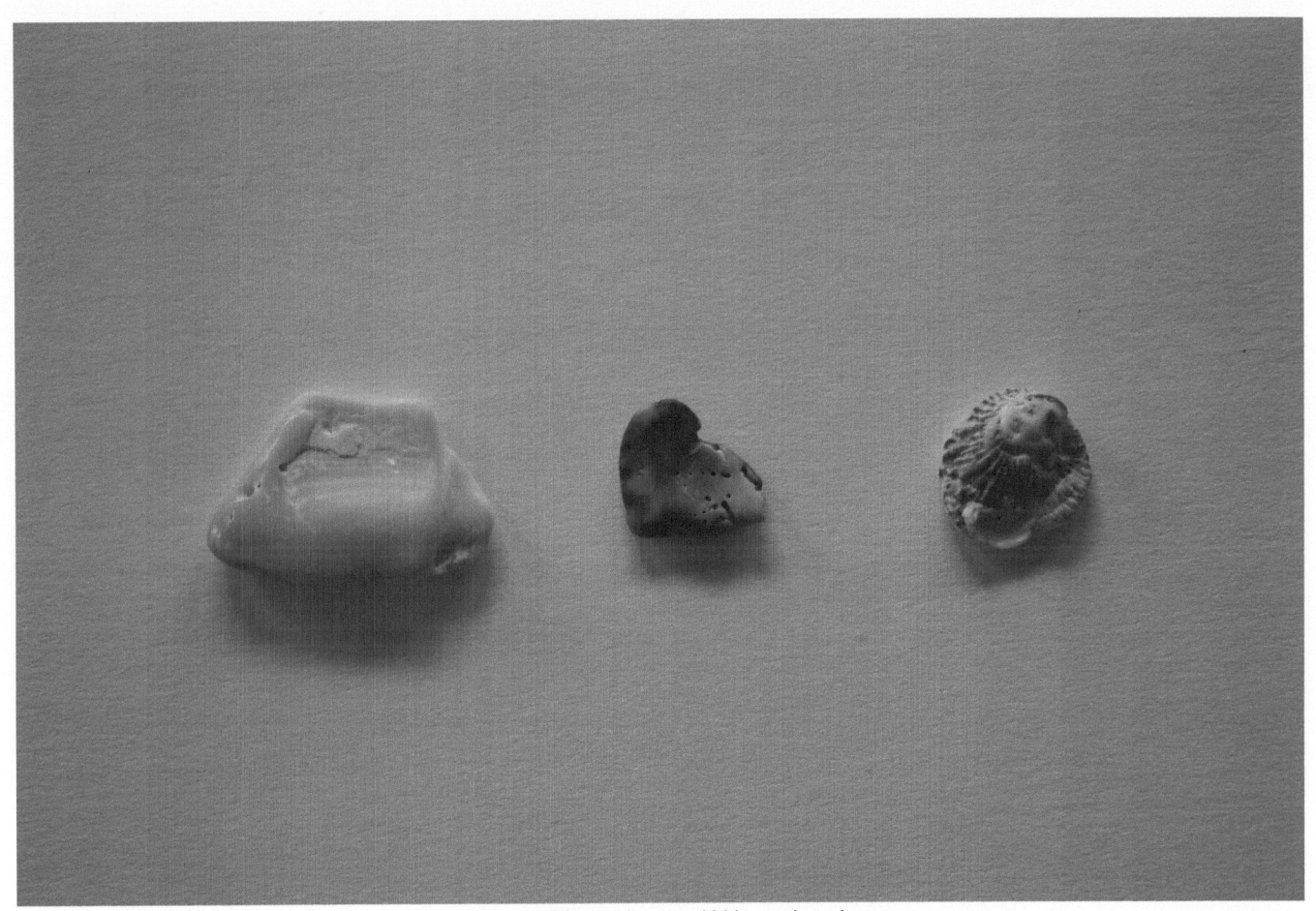

la conijito, la ardilla, el erizo

la gaviota y navegar

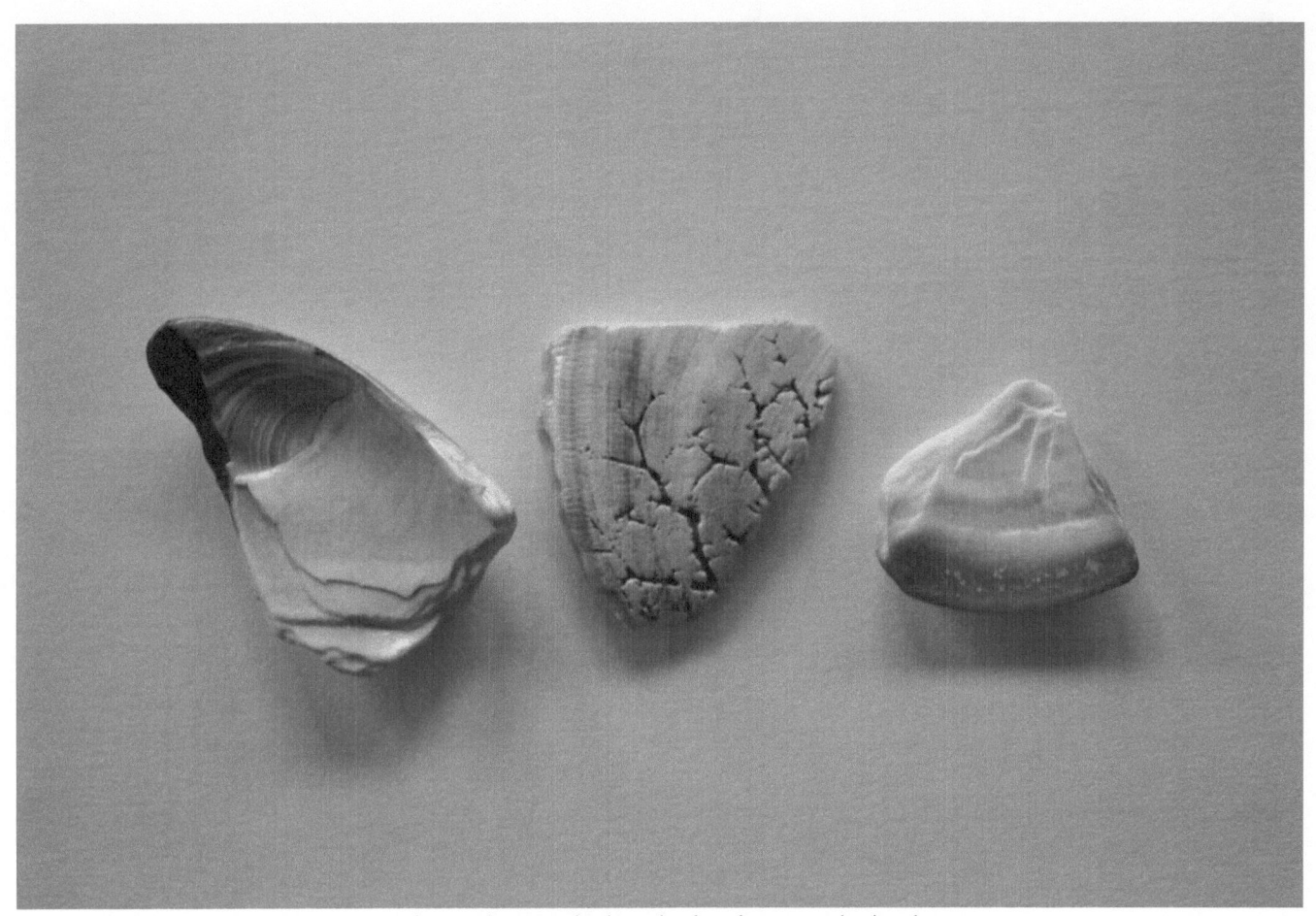

el nucleo, arboles de invierno, el glaciar

la calabazza, hongo, llave, guante de beisbol

dia en el salon, super cueva guy, primavera

madera, pastinaca, pez

pajero, cachorro de leon, el gorilla

la jirafa, babe stegosaurus

arka

sombrero, visors, pastel de capa

famoso pelicula caracter   -   ¡adivina!